LES INFOS DU PETIT MUSC

- 6-9 ans
- Des jolies histoires pour découvrir en famille des réponses simples à des questions compliquées.
- Pour chaque question, il y a deux explications. Les enfants jouent à trouver laquelle est vraie, s'amusent en lisant la fausse et vérifient leur choix dans la pochette secrète.

DANS LA MÊME COLLECTION :

Illustrations : Pierre Caillou
Texte version fausse : Jean-Michel Billioud
Texte version vraie : Monique Benois
Coordination éditoriale : Hélène Darche

LES ÉDITIONS DU PETIT MUSC
GROUPE PLAY BAC
33, rue du Petit-Musc
75004 Paris - FRANCE
Tél. : 01 53 01 24 00
www.petit-musc.com
Diffusion FLAMMARION

Loi n°49956 du 16 juillet 1949 sur les publications destinées à la jeunesse.

ISBN : 2-84607-059-8
Dépôt légal : avril 2001
Imprimé par SYL en Espagne
ISSN en cours

MAIS POURQUOI l'herbe est-elle verte ?

Est-ce grâce à la neige ?

Lis les deux histoires. Devine laquelle est vraie et découpe la pochette secrète qui se trouve au milieu du livre pour vérifier ta réponse.

Il y a plus de mille ans, la planète Terre était entièrement verte.

Le sol était gris-vert, la mer vert turquoise et le ciel bleu-vert. Les zèbres étaient rayés de vert foncé et les coccinelles étaient vertes avec des points sombres.

Et tout ce vert partout compliquait beaucoup la vie des hommes.

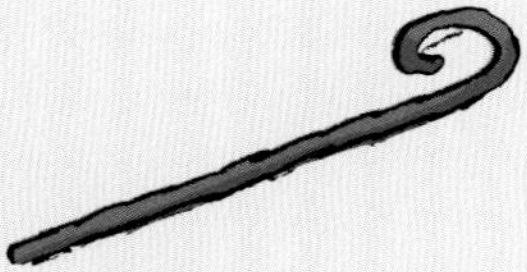

Les bergers perdaient leurs moutons dans l'herbe, les paysans ne savaient jamais quand leurs tomates étaient mûres et les enfants buvaient quelquefois du vin en pensant boire du lait.

Pour simplifier les choses, les hommes rêvaient d'un univers aux couleurs de l'arc-en-ciel qui brillait parfois dans leur ciel.

Un jour d'hiver, ils eurent une idée lumineuse.
Dans chaque village, un archer fut chargé de viser l'arc-en-ciel avec une flèche où était attachée une corde. Puis les hommes les plus costauds tirèrent de toutes leurs forces...

Après des jours d'effort, l'arc-en-ciel bougea puis tomba sur la neige, qui recouvrait la terre d'un manteau vert.

Bien sûr les hommes n'utilisèrent pas le vert, mais ils recueillirent précieusement toutes les autres couleurs de l'arc-en-ciel.

Ils fabriquèrent de la peinture et commencèrent la distribution.

Chacun reçut un immense pot de couleur différente et un pinceau. La mission ? Colorier le monde !

Les enfants colorièrent les fruits et les insectes avec leurs pinceaux fins.

Les mamans peignirent les grands animaux et les maisons avec leurs pinceaux moyens.

Et les papas furent chargés de peindre la mer, la neige et le ciel avec leurs gros rouleaux.

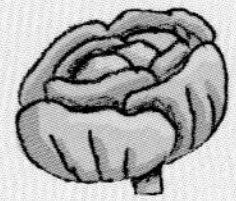

Le monde était devenu magnifique. Toutes les couleurs de l'arc-en-ciel étaient représentées. Toutes sauf une.

Les hommes avaient oublié d'utiliser la couleur verte ! Il y en avait partout avant et plus du tout maintenant. Et la peinture magique ne pouvait pas s'effacer !

Les hommes devinrent alors très tristes...

Mais, heureusement, à la fonte des neiges, des petites taches apparurent sur le sol.
Personne n'avait pensé à repeindre l'herbe cachée par le grand manteau de neige.

Les hommes sautèrent de joie. L'herbe était en train de repousser et, bien sûr, elle était toujours verte !

En réalité, il effectue toute une série de réactions très compliquées qui utilisent de l'eau, des aliments et l'énergie du soleil.

La chlorophylle est une matière verte : c'est sa présence qui colore en vert les feuilles et les tiges des végétaux. Cette matière est surtout indispensable à leur croissance.

Pour se nourrir, le brin d'herbe puise de l'eau et des aliments dans le sol. Pour les utiliser afin de grandir, il doit les transformer. Pour cela, il absorbe le gaz carbonique de l'air et a besoin d'énergie : c'est la chlorophylle qu'il fabrique qui lui permet d'attraper l'énergie du soleil.

La fausse : « La neige »

La terre n'a jamais été toute verte, même il y a très longtemps ! Les couleurs que l'on connaît aujourd'hui existaient déjà au temps des dinosaures...

La vraie : « La chlorophylle »

À LIRE AVEC TES PARENTS.

Comme tous les êtres vivants, les végétaux sont formés d'éléments microscopiques appelés cellules. Certaines contiennent des petits grains en forme de lentilles : ce sont les chloroplastes. C'est dans ces grains microscopiques que la chlorophylle est fabriquée et mise en réserve. Pour cela, le chloroplaste fonctionne effectivement comme une petite machine.

Enfin l'été est là.
Que de couleurs dans le jardin !
Les coquelicots sont rouges, les boutons-d'or sont jaunes...

Chaque fleur, elle aussi, contient d'autres petits grains qui lui donnent sa couleur. Chacune étale fièrement ses pétales aux côtés de l'herbe verte.

Maintenant l'herbe a poussé. Mais que s'est-il passé sous la brouette oubliée sur la pelouse ? En la soulevant, Sébastien découvre que l'herbe est jaune et n'a pas grandi. Privée de lumière, la chlorophylle a disparu et l'herbe a arrêté de pousser.

Le soleil réparera vite tout cela : à la lumière, la chlorophylle réapparaît. L'herbe reverdit et grandit à nouveau.

Quand le soleil brille suffisamment, toutes les petites machines sont au travail. Elles fabriquent à plein régime la chlorophylle.

Et, dès qu'elle est fabriquée, cette chlorophylle toute neuve attrape l'énergie du soleil pour aider le petit brin d'herbe à grandir.

Si l'on regarde les feuilles de ce brin d'herbe de très près, en les grossissant énormément, on peut voir qu'elles contiennent de très nombreux petits grains verts.

C'est la matière qu'ils renferment qui colore l'herbe en vert.

Dans chaque petit grain, une toute petite machine est installée.

Si elle reçoit de l'eau, de la nourriture et l'énergie du soleil, elle peut se mettre en marche.

Elle fabrique alors une matière verte, appelée chlorophylle, qui remplit les petits grains.

Au printemps, la terre se réchauffe. La petite plante se réveille, mange et se met à grandir.
Lorsqu'elle perce la graine, elle n'est pas verte mais blanche. Elle enfonce ses premières racines dans le sol. Puis sa tige grandit à son tour, sort enfin du sol et les premières feuilles apparaissent à la lumière : elles sont vertes.
Un petit brin d'herbe est né.

MAIS POURQUOI l'herbe est-elle verte ?

Est-ce grâce à la chlorophylle ?

Lis les deux histoires. Devine laquelle est vraie et découpe la pochette secrète qui se trouve au milieu du livre pour vérifier ta réponse.

C'est l'hiver. Il fait froid. Tous les brins d'herbe sont endormis.

Dans la terre, des petites graines attendent les beaux jours. Cachée à l'intérieur de chacune d'entre elles, une plante minuscule est prête à pointer le nez.

Mais, pour l'instant, brrr... il fait trop froid.

LES INFOS DU PETIT MUSC

- 6-9 ans
- Des jolies histoires pour découvrir en famille des réponses simples à des questions compliquées.
- Pour chaque question, il y a deux explications. Les enfants jouent à trouver laquelle est vraie, s'amusent en lisant la fausse et vérifient leur choix dans la pochette secrète.

DANS LA MÊME COLLECTION :

Illustrations : Pierre Caillou
Texte version fausse : Jean-Michel Billioud
Texte version vraie : Monique Benois
Coordination éditoriale : Hélène Darche

LES ÉDITIONS DU PETIT MUSC
GROUPE PLAY BAC
33, rue du Petit-Musc
75004 Paris - FRANCE
Tél. : 01 53 01 24 00
www.petit-musc.com
Diffusion FLAMMARION

ISBN : 2-84607-059-8
Dépôt légal : avril 2001
Imprimé par SYL en Espagne
ISSN en cours